열정의 아이콘, 라파엘 나달

글·사진 **코린 듀브뢰일**
옮긴이 **김기범**

라파엘 나달에 대한 나의 첫 기억은 2004년 스페인 알리칸테에서 열린
프랑스와의 데이비스컵 준결승전으로 거슬러 올라간다. 당시 나달은 무척
어렸고 처음으로 조국을 대표해 대회에 출전했으며 생애 두 번째 데이비스컵
경기에 나선 것이었다. 하지만 그는 용맹한 전사처럼 활약하며 아르노
클레망을 상대로 승리를 거두고 팀에 승점을 안겨주었다.
그의 모습을 카메라에 담으며 흠뻑 매료되었던 기억이 생생하다.
아주 긴 여정의 시작이었다.

서문

테니스는 내 인생의 전부였다. 선수, 코치, 페드컵 주장, 그리고 프랑스 오픈 토너먼트 디렉터로 활동하며 테니스 덕분에 많은 사람들과 인연을 맺을 수 있는 기회와 행운을 얻었다. 나는 11살이던 1990년에 코린을 처음 만났다. 당시 그녀는 사진작가로서의 길을 걷기 시작했고 나는 주니어 대회에 출전하며 선수로서 경력을 쌓고 있었다. 이후로 우리의 만남은 계속 이어졌다.

코린은 내가 중요한 승리를 거둘 때마다 곁에 있었다. 코트 안이든 밖이든, 그녀는 내 커리어를 장식한 잊을 수 없는 순간을 모두 포착해 주었다. 지금도 우리는 사석에서 즐거운 시간을 보낸다. 난 그녀를 친구라고 부르는 것이 자랑스럽다.

코린은 자신만의 시선과 감수성, 신중함으로 언제나 사람들의 가장 멋진 모습을 끌어내기 위해 노력한다.

코린은 수년 전부터 라파에 관한 이 책에 대해 이야기해 왔다. 이 위대한 챔피언이자 스포츠계의 우상에게 무한한 존경심을 지닌 그녀는 지난 20년 동안 라파의 커리어에서 가장 결정적인 순간을 모두 목격했다.

2004년 마이애미에서 열린 로저와의 첫 경기, 2005년 롤랑가로스에서의 첫 우승, 데이비스컵 출전, 최근에는 쿠웨이트에 있는 나달 아카데미에서의 영광스러운 순간 등. 코린은 라파엘 나달의 그랜드슬램 우승 22회를 불멸의 사진으로 남긴 몇 안 되는 사진작가 중 한 명일 것이다. 그녀는 탁월한 안목과 테니스에 대한 지식, 감수성을 바탕으로 라파엘 나달을 자신만의 방식으로 포착하며 사진을 통해 당시의 감동을 고스란히 전달한다.

라파엘 나달은 우리가 알고 있는 특별한 챔피언일 뿐만 아니라 남다른 가치관을 지닌 사람이기도 하다. 나는 이 책을 통해 그를 조금 더 잘 알게 되었고, 그의 감수성과 관대함, 그리고 자신이 임하는 모든 일에 헌신하는 모습을 사랑한다. 그는 어린 시절부터 중요하게 여겨온 모든 가치를 커리어 내내 지켜왔다. 그리고 그러한 가치가 지금의 나달을 만들었다.

나달은 결코 포기하지 않는 불굴의 투사다. 그는 목표를 달성하기 위해 최선을 다한다. 그의 훈련 세션을 담은 영상은 모든 주니어들이 볼 필요가 있다. 사소한 디테일과 동작 하나하나를 개선하기 위해 매일 헌신하는 그의 모습은 우리 모두에게 본보기가 될 것이다. 이러한 자질은 코린이 수년에 걸쳐 자신의 기술을 습득하고 항상 개선하기 위해 노력하는 엄격함, 열정과 같다. 그녀 역시 항상 완벽을 지향한다. 물론 완벽한 제스처나 완벽한 사진 같은 것은 없다. 그것들은 우리의 노력과 감정의 산물이다.

일에 대한 이러한 가치관은 두 사람이 공유하는 특징이다. 라파는 이렇게 말했다. "열심히 노력하고, 즐기고, 실현하라." 가히 예술 작품이라 할 수 있는 이 책은 라파엘 나달이 어떤 사람인지 오롯이 드러낸다.

코린의 시선을 통해 우리는 테니스 역사, 아니 스포츠 역사에 영원히 남을 챔피언이자 아이콘인 라파엘 나달의 모습을 엿볼 수 있을 것이다.

아멜리 모레스모

이전 두 페이지
2020년 프랑스 오픈

NADAL

위
2004년 마이애미 오픈

왼쪽
2020년 프랑스 오픈
2020년 10월 11일은 이례적으로 늦게 개최된 프랑스 오픈에서 라파가 우승한 날이다. 코로나 사태로 인해 10월로 연기된 대회에서 라파는 노박 조코비치를 꺾고 13번째 프랑스 오픈 우승컵을 들어 올렸다. 2005년 이래 롤랑가로스의 클레이코트에서 거둔 100번째 승리이기도 하다.

위
2012년 프랑스 오픈

이전 두 페이지
2019년 프랑스 오픈
수잔 렝글렌 코트에 들어서기 전 나달 특유의 모습.

오른쪽
2010년 프랑스 오픈

NADAL

맞은편
2018년 윔블던
대회 둘째 주를 시작하는 일요일.
이제는 역사가 되어버린 '미들 선데이'는
연습 코트에서 시간을 보낼 수 있는 기회였다.
아오랑기 공원에서 여유롭게 휴식을 즐기는 라파의 모습.

위
2004년 마이애미 오픈
로저와 라파의 첫 번째 만남. 마이애미 오픈 32강전에서
나달은 자신의 최대 라이벌이자 당시 세계 랭킹 1위였던
로저 페더러를 6-3, 6-3으로 물리쳤다.

오른쪽
2005년 프랑스 오픈

이전 두 페이지
2020년 호주 오픈

맞은편
2010년 윔블던
2회전에서 라파는 네덜란드의 로빈 하세를 상대로 5세트 접전을 펼쳤다. 그는 두 번째 윔블던 우승을 차지했다.

다음 두 페이지
20쪽: 2004년 마이애미 오픈
21쪽: 2019년 프랑스 오픈

맞은편
2009년 호주 오픈

다음 두 페이지
2010년 프랑스 오픈
대회 우승에 대한 최고의 기억. 나는 매치 포인트 순간을 포착하기 위해 필립 샤트리에 코트의 사진 기자용 벙커에 자리를 잡고 위험을 감수하기로 했다. 라파가 코트 반대편에서 승리를 거두면 그의 모습을 담을 수 없었기 때문이다. 그런데 라파가 내 바로 눈앞에서 코트 바닥에 누웠다. 소름이 돋았다. 라파는 결승에서 로빈 소더링을 가볍게 꺾고 지난해 16강에서 이 스웨덴 선수에게 당했던 패배를 되갚았다. 롤랑가로스에서의 다섯 번째 우승이었다.

NADAL

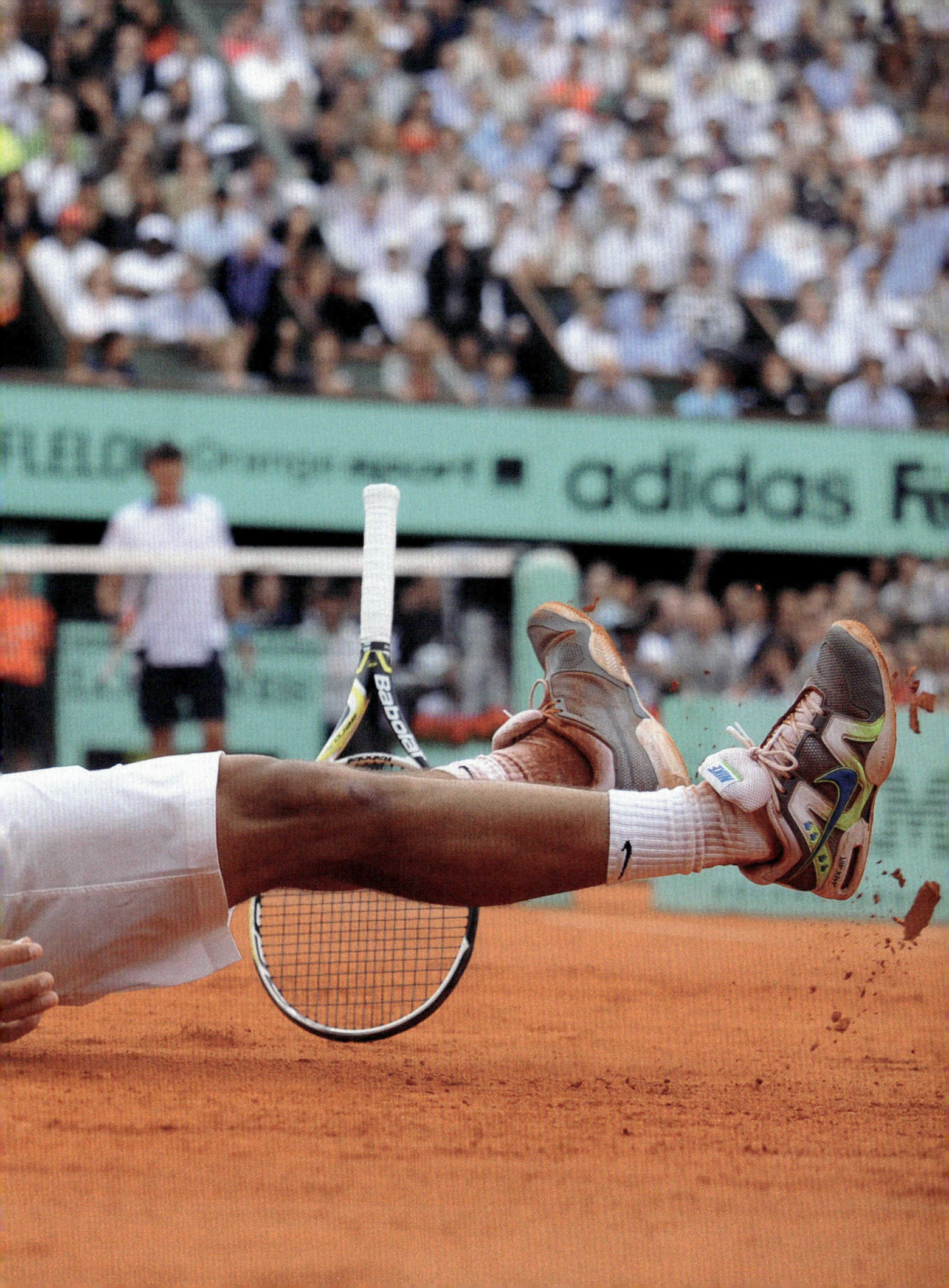

NADAL

위
2011년 롤렉스 몬테카를로 마스터스
라파의 몬테카를로 대회 7회 연속 우승. 오픈 시대에서
유일무이한 기록이다. 같은 대회에서 7회 연속 우승한
선수는 아무도 없다.

왼쪽
2019년 US 오픈
결승전에서 다닐 메드베데프를 상대로 4시간 49분 동안
펼친 명승부. 5세트 접전 끝에 7-5, 6-3, 5-7, 4-6, 6-4로
승리한 라파는 뉴욕에서 4번째 트로피를 들어 올렸다.

▝▝

지난 20년 동안 나는 라파의 경기를 수백 번이나 지켜보는 특권을 누렸다. 하지만 2022년 멜버른에서 메드베데프를 상대로 거둔 승리야말로 가장 감동적인 순간이었다고 확신한다. 라파가 우승컵을 들어 올리는 순간까지 그의 여정은 결코 순탄하지 않았다. 그의 기쁨과 변함없는 미소는 영원히 내 마음속에 남을 것이다. 지금도 그 순간을 생각하면 가슴이 벅차오른다.

NADAL

위
2013년 프랑스 오픈

맞은편
2017년 윔블던

다음 두 페이지
2016년 마이애미 오픈

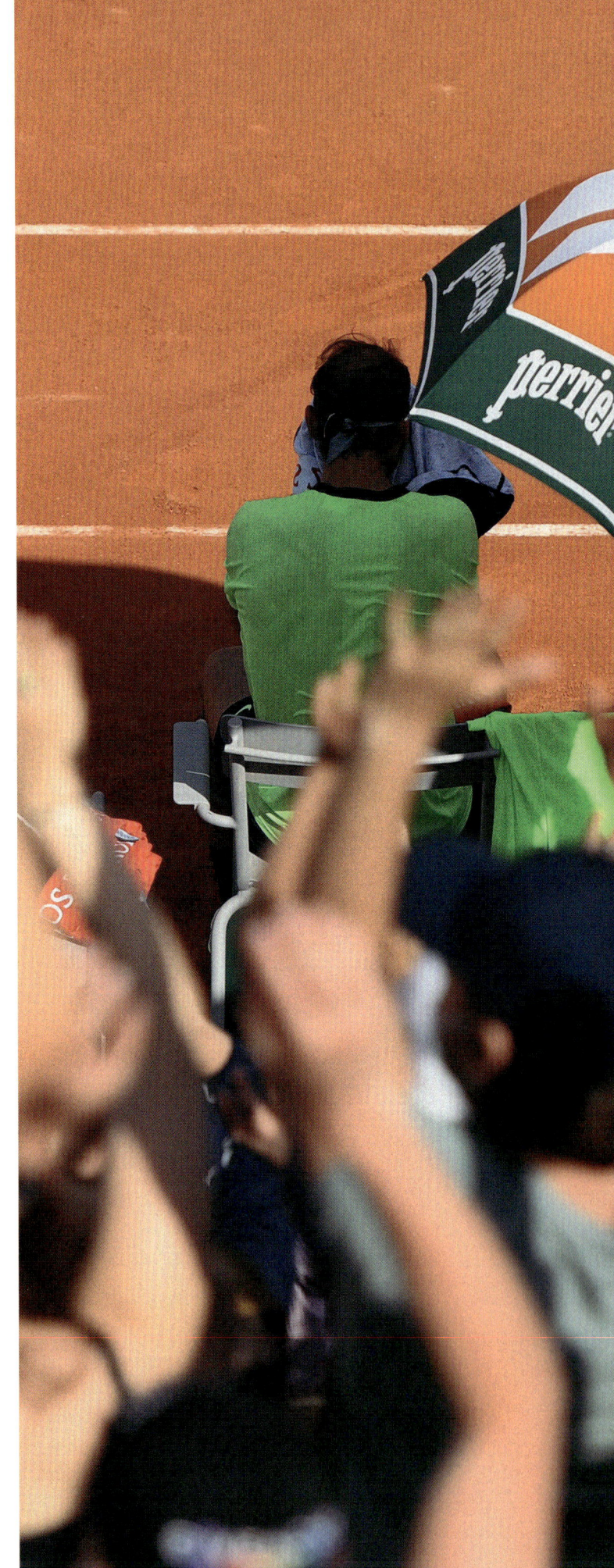

맞은편
2021년 프랑스 오픈

다음 두 페이지
36쪽: 2011년 프랑스 오픈
37쪽: 2018년 호주 오픈
마가렛 코트 아레나에서 훈련 세션 전. 코트 입구에
여러 우승자들의 이름과 우승 연도가 새겨져 있다.

맞은편
2019년 US 오픈

다음 두 페이지
2006년 윔블던
결승전을 위해 센터 코트로 들어서는 두 선수의 클래식한 모습. 페더러가 런던에서 4년 연속 우승을 차지하며 파리 결승에서 자신을 꺾었던 라파에게 복수했다.

NADAL

NADAL

위
2011년 프랑스 오픈

왼쪽
2008년 마이애미 오픈

NADAL

맞은편
2018년 프랑스 오픈

위
2020년 호주 오픈
페데리코 델보니스와의 2회전 경기 도중 볼퍼슨이 라파의
공에 맞았다. 경기가 끝난 후 라파는 볼퍼슨에게 자신의
두건을 건넸다.

오른쪽
2021년 라파 나달 아카데미 쿠웨이트

다음 두 페이지
2019년 US 오픈

라파의 트레이드 마크라 할 수 있는 그의 루틴은 라파를 설명할 때 빼놓을
수 없는 부분이다. 이러한 루틴이 없다면 라파는 결코 그답지 않을 것이기
때문이다. 이 모든 제스처는 나를 매료시키고 끊임없이 영감을 준다. 호주
오픈에서 센터 코트 바닥에 새겨진 멜버른 글자를 가급적 밟지 않으려는
모습도 매혹적으로 보인다. 게임이 끝나고 엔드 체인지를 하기 위해 이동할
때 코트 라인을 조심스럽게 피하고, 밀리미터 단위의 정밀도로 물병을 같은
위치에 놓는 것도 마찬가지다. 내가 사진 찍을 때 가장 좋아하는 것은 그가
두건을 완전히 동일하게 교체하는 모습인데, 이는 그를 지켜본 수년 동안
지칠 줄 모르고 반복되는 매우 정교한 동작이다. 그가 몰입한 상태에서
보여주는 이러한 루틴을 지켜보는 것은 더없이 흥미롭다. 라파의 루틴은
그에게는 필수 불가결한 요소이지만 내게는 선물인 셈이다.

위
2014년 호주 오픈

이전 페이지와 오른쪽
2022년 호주 오픈

다음 두 페이지
54쪽: 2021년 라파 나달 아카데미 쿠웨이트
55쪽: 2010년 호주 오픈

NADAL

이전 두 페이지
2009년 BNP 파리바 마스터스

맞은편
2014년 윔블던
라파엘 나달의 서브 전 독특한 손놀림은
수많은 그의 특징 중 하나다.

NADAL

맞은편
2011년 프랑스 오픈
로저 페더러와의 결승전에서 힘겹게 승리한 라파는
프랑스 오픈에서 6번째 우승을 차지하며 비외른 보리가
롤랑가로스에서 세운 기록과 동률을 이뤘다.

맞은편
몬테카를로 컨트리클럽에서 훈련 중인 우상을 보기 위해
아이들이 모여들었다. 이들은 발뒤꿈치를 든 채로 벤치 위에
서서 응원한다. 코트 주변의 일상적인 풍경이다.

다음 두 페이지
2014년 프랑스 오픈

위
2022년 프랑스 오픈

오른쪽
2018년 프랑스 오픈
대회 시작 전 미디어 데이.
작은 인터뷰실에서 라파가 포스터에 사인을 하는 모습을
포착했다.

NADAL

맞은편
2005년 프랑스 오픈
머스키티어컵에 첫 입맞춤.
당시 라파엘이 사랑하던 레알 마드리드의 지네딘 지단이
그에게 우승 트로피를 수여했다.

"

라파와 함께했던 좋은 추억이 많다. 특히 2012년 런던 올림픽 기념 도서
작업을 위해 중국으로 떠났던 여행이 기억에 남는다. 모든 올림픽 챔피언들을
어린 시절 사진과 함께 담는 것이 목표였다. 라파와 나는 이 프로젝트에
사진작가로 참여했고, 같은 콘셉트의 사진을 찍어야 했다. 우리는 서로 역할을
바꾸며 참여했다. 나는 내 어린 시절 사진을 손에 든 채 라파에게 카메라를
건네며 라파 특유의 세리머니를 흉내 내는 내 모습을 영원히 남겼다.
이 위대한 챔피언이 자발적으로 만들어낸 재미있고 우스꽝스러운 순간
(257쪽 참조)이었다.

NADAL

위
2019년 데이비스컵 결승전
라파가 캐나다의 데니스 샤포발로프를 물리치며
스페인에 승리를 안겨주었다. 마드리드에서의 한 주 동안
라파는 단식 5승, 복식 3승을 거두며 팀에
승점 8점을 선사했다.

다음 두 페이지
2013년 프랑스 오픈

맞은편
2005년 마이애미 오픈

NADAL

맞은편
2022년 호주 오픈
최근 몇 년 사이 코트에 에어컨 장치가 등장했다. 선수들은
엔드 체인지 중에 잠시나마 신선한 공기를 마실 수 있다.

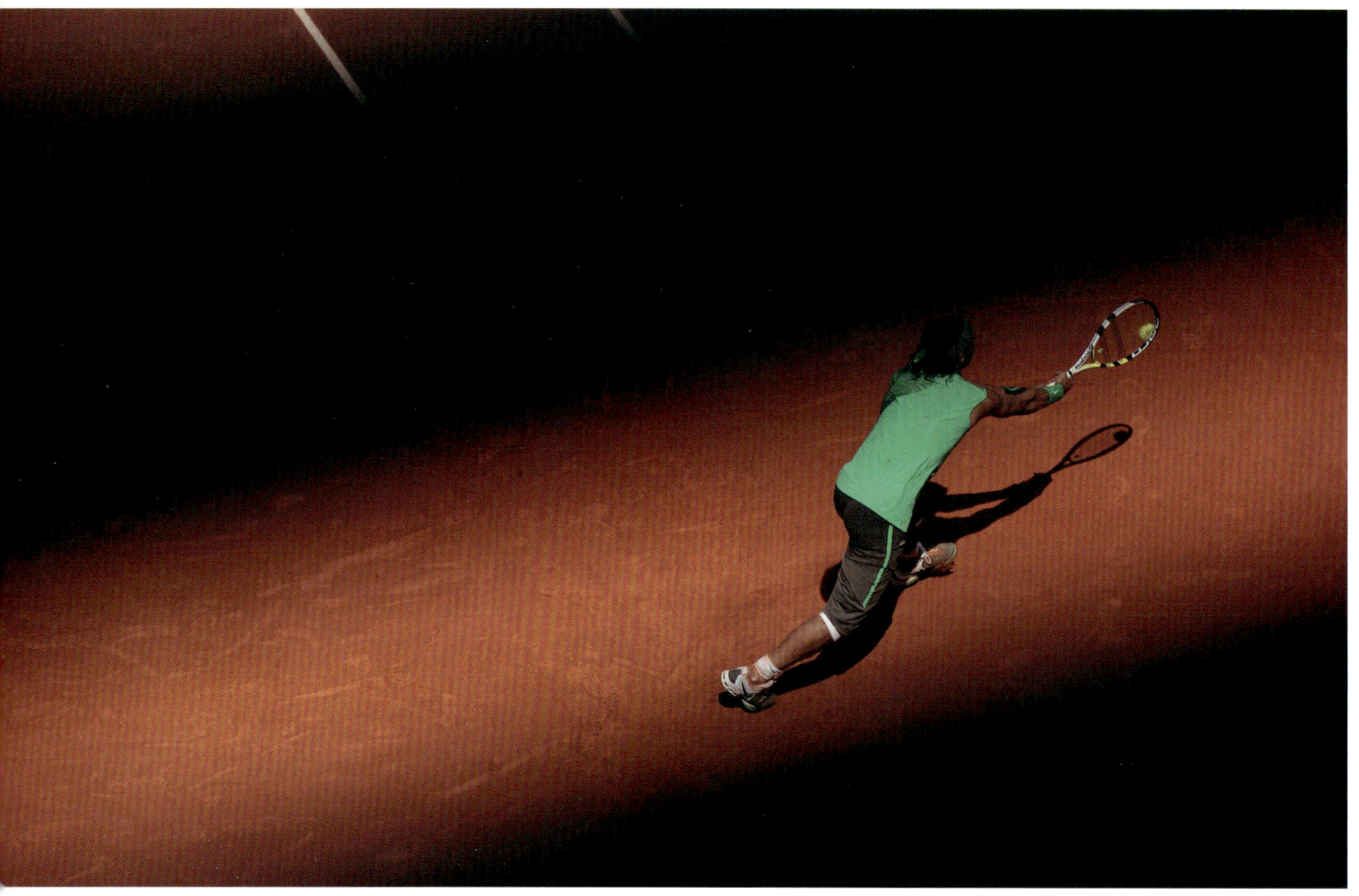

위
2008년 프랑스 오픈

오른쪽
2011년 US 오픈

82 — 83

이전 두 페이지
2018년 윔블던
센터 코트로 향하는 전통적인 루트다. 노박 조코비치와의
준결승전을 치르기 위해 라파가 담쟁이덩굴 사이를
지나고 있다.

맞은편
2021년 프랑스 오픈

NADAL

위
2022년 호주 오픈
라파의 환한 미소와 21이 새겨진 티셔츠. 우승 다음 날,
라파는 멜버른의 한 공원에서 사진 촬영에 임했다.

왼쪽
2022년 호주 오픈
라파가 결승 진출에 성공한 후 가방에 얼굴을 묻고 흐느끼고
있다. 라파는 준결승에서 이탈리아의 마테오 베레티니를
꺾고 결승에 진출했다.

이전 두 페이지
2022년 호주 오픈
이는 분명 가장 예상하지 못했던 그의 그랜드슬램 우승이다. 다닐 메드베데프에게 2대 0으로 끌려가던 라파는 전세를 뒤집었고 5세트에서 7-5로 승리하며 5시간 24분에 걸친 치열한 접전을 승리로 이끌었다. 이로써 라파엘 나달은 그랜드슬램 타이틀을 21번이나 차지한 유일한 선수가 되었으며, 20번을 획득한 로저 페더러와 노박 조코비치를 앞서게 되었다.

맞은편
2008년 윔블던

다음 두 페이지
2019년 호주 오픈
나는 그림자를 이용한 사진을 좋아한다. 경기 도중 로드 레이버 아레나의 지붕이 만들어 낸 그림자 안에 서 있는 라파.

맞은편
2021년 롤렉스 몬테카를로 마스터스
우리는 모두 라파가 루틴에 집착한다는 사실을 알고 있다.
이 사진을 찍을 당시에는 별생각이 없었지만 지금 보니
라파가 R과 N을 밟지 않기 위해 로고 위로 지나고 있다는
사실이 믿기지 않는다. 우연의 일치일까?

NADAL

― 위
2017년 프랑스 오픈

― 왼쪽
2018년 프랑스 오픈

이전 두 페이지
2017년 프랑스 오픈

맞은편
2019년 US 오픈
야간 경기를 위해 뉴욕의 경기장으로 입장할 때의
음향과 조명

NADAL

맞은편
2009년 BNP 파리바 마스터스

NADAL

위
2018년 프랑스 오픈

왼쪽
2022년 프랑스 오픈

다음 두 페이지
2011년 롤렉스 몬테카를로 마스터스

이전 두 페이지
106쪽: 2009년 호주 오픈
결승전에서 5세트 혈투 끝에 승리한 라파가 눈물을 흘리는
로저를 위로하고 있다.
107쪽: 2018년 프랑스 오픈
프랑스 오픈 개막 직전 주말인 어린이날에 즉흥적으로
복식 경기를 펼치는 두 챔피언의 모습.

맞은편
2008년 프랑스 오픈

NADAL

NADAL

맞은편
2018년 윔블던

다음 두 페이지
2021년 라파 나달 아카데미 쿠웨이트
나달이 훈련에 돌입하기 전 준비 운동을 하는 모습을 담은
희귀 사진

위
2013년 프랑스 오픈

이전 두 페이지
114쪽: 2019년 US 오픈
8강전에서 칠리치를 상대로 포핸드 다운더라인 패싱샷을
성공시킨 후 포효하는 나달.
115쪽: 2008년 마이애미 오픈
토마스 베르디흐와의 준결승에서 승리한 후 무릎을 꿇고
기뻐하고 있다.

오른쪽
2013년 프랑스 오픈

2008년 윔블던. 페더러가 4세트에서 두 번의 매치 포인트 위기를
극복하면서 두 선수는 마지막 세트에 돌입했다. 경기는 비로 인해
두 차례 중단 후 재개되었고 라파가 승리를 쟁취하기 위해 마지막 서브
게임을 시작할 때는 이미 어둠이 내려앉았다.
밤 9시 15분, 건질만 한 사진을 계속 찍다 보니 카메라 배터리는 방전되기
직전이었다. 윔블던 역사상 가장 긴 4시간 48분 동안 진행된 이번
결승전은 테니스 역사상 최고의 경기로 기록될 것이다. 내게는 가장
스트레스가 많았던 경기이기도 했다.

NADAL

위, 그리고 120~125쪽
2008년 윔블던
역대 최고의 테니스 경기. 라파와 로저는 대접전을 펼쳤고,
스페인 선수가 6-4, 6-4, 6-7, 6-7, 9-7로 승리를 거두었다.
라파엘 나달의 윔블던 첫 우승이었다. 이로써 라파엘 나달은
2008년 8월 18일 세계 랭킹 1위에 등극했고, 237주 동안
이어졌던 로저 페더러의 지배는 막을 내렸다.

122 — 123

이전 두 페이지
2008년 윔블던

맞은편
2008년 윔블던

NADAL

맞은편
2008년 윔블던

NADAL

위
2005년 프랑스 오픈

왼쪽
2005년 프랑스 오픈
결승전 당시 필립 샤트리에 코트의 사진 기자용 벙커에서
찍은 사진

다음 두 페이지
2017년 롤렉스 파리 마스터스

NADAL

맞은편
2018년 호주 오픈

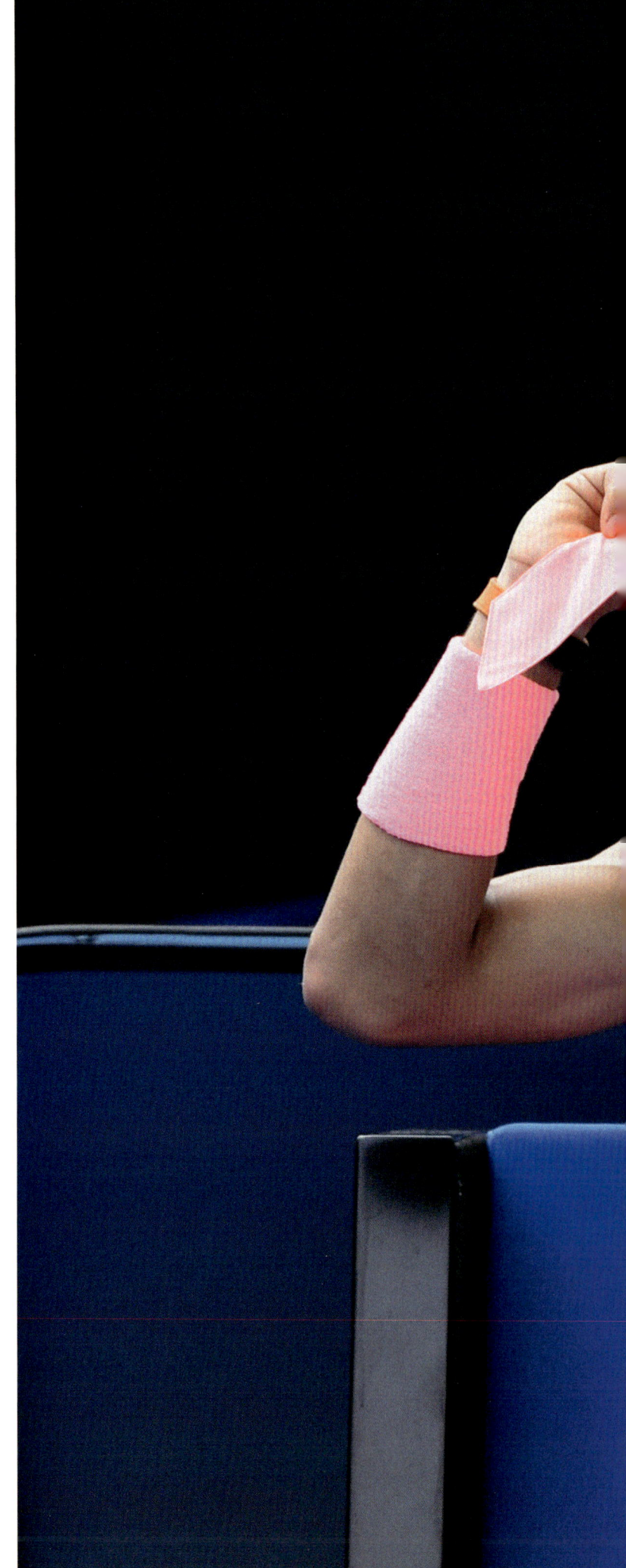

맞은편
2018년 호주 오픈
아무리 사진에 담아도 질리지 않는 라파의 루틴

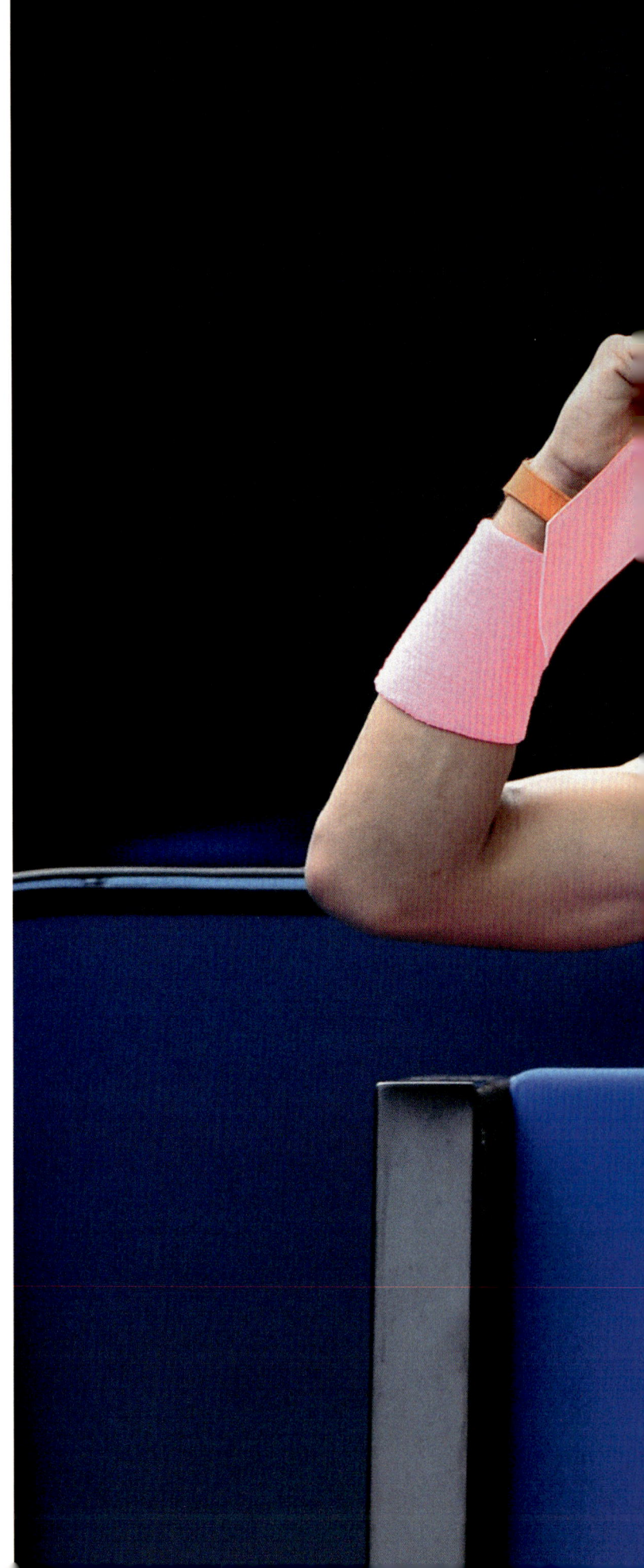

맞은편
2018년 호주 오픈

NADAL

이전 두 페이지
2018년 호주 오픈

맞은편
2015년 프랑스 오픈

다음 두 페이지
140쪽: 2017년 US 오픈
141쪽: 2008년 마이애미 오픈

NADAL

위
2013년 프랑스 오픈

왼쪽
2018년 프랑스 오픈

NADAL

이전 두 페이지
2018년 프랑스 오픈
라파의 상징적인 이미지. 상대가 누구이건 언제나
페어플레이를 펼친다.

맞은편
2014년 호주 오픈

위
2018년 프랑스 오픈

„

라파가 내가 사진 찍기 가장 좋아하는 선수인 이유는 1000가지가 넘는다.
그의 가치관, 신체, 모든 샷에 쏟아붓는 집중력, 카리스마, 그가 불러일으키는
감정 등 라파가 구현하고 발산하는 모든 것을 사랑하기 때문이다. 그의
제스처, 루틴, 표정은 내게 무한한 영감의 원천이 된다. 그가 코트에 있을 때는
항상 무언가가 일어나고 있다. 그의 모습을 가까이에서 지켜보는 특권을 지닌
사람으로서 증언하건대 그의 경기는 언제나 감동 그 자체다.

NADAL

맞은편 및 152~155쪽
2017년 프랑스 오픈
라 데시마! 나달은 마침내 롤랑가로스에서 경이로운 10번째
타이틀을 거머쥐었다. 삼촌이자 평생 코치인
토니 나달과 함께한 시상식에서 라파엘은 마이크를 잡고
파리 시민들에게 애정 어린 메시지를 전했다.
"정말 감동적입니다. 말로 표현할 수 없는 기분이에요.
제 몸에서 솟구치는 아드레날린은 다른 어떤 때와도 비교할
수 없을 정도입니다. 이번 대회는 제 테니스 인생에서
가장 중요한 순간입니다."

NADAL

맞은편
2017년 프랑스 오픈

NADAL

맞은편
2019년 프랑스 오픈
라파가 결승에서 도미니크 팀을 꺾은 후 코트 바닥에
드러누웠다. 잠시 후 그는 관중들에게 인사하기 위해
일어섰다.

NADAL

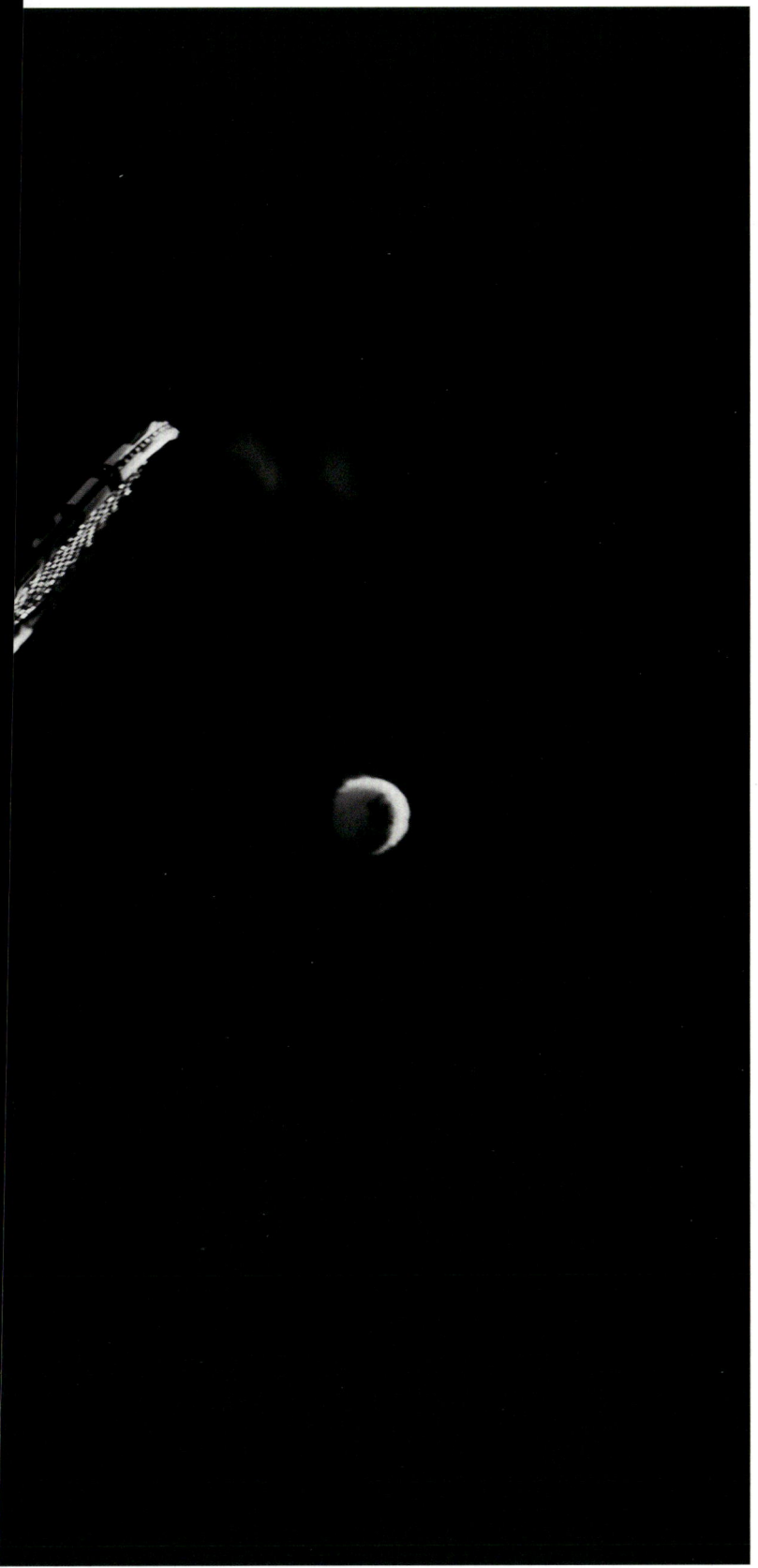

맞은편
2014년 윔블던

다음 두 페이지
2018년 프랑스 오픈

맞은편
2020년 호주 오픈

NADAL

맞은편
2015년 롤렉스 파리 마스터스
나는 파리 마스터스의 조명 효과를 좋아한다. 동전 던지기 후
코트 뒤편으로 달려가는 라파 특유의 모습.

위
2021년 롤렉스 몬테카를로 마스터스

오른쪽
2018년 롤렉스 파리 마스터스

다음 두 페이지
2019년 US 오픈
센터 코트를 가득 메운 2만 3000명의 관중들이 라파엘 나달에게 기립 박수를 보냈다. 나달은 4번째 US 오픈 우승을 차지하며 19번째 그랜드슬램 타이틀을 획득했다.

NADAL

위
2004년 데이비스컵

왼쪽
2005년 프랑스 오픈
로저 페더러와의 사진 촬영 전, 유쾌한 장면이 카메라에
담겼다. 두 사람은 준결승에서 맞붙을 예정이었는데,
로저를 기다리는 동안 라파는 아이스크림을 즐기고 있었다.

NADAL

맞은편
2006년 US 오픈

다음 두 페이지
2019년 US 오픈

NADAL

이전 두 페이지
2023년 호주 오픈

맞은편
2021년 로마 마스터스

NADAL

위
2022년 프랑스 오픈

왼쪽
2022년 프랑스 오픈
스페인 국왕이 라파엘 나달의 프랑스 오픈 14번째 우승을
현장에서 지켜보기 위해 관중석에 자리했다.
그의 22번째 그랜드슬램 트로피다.

라파엘 나달에 대해 이야기할 때 그의 궁극적인 라이벌인 노박 조코비치와 로저 페더러를 빼놓을 수는 없다. 이들 빅 3는 거의 20년 동안 우리에게 커다란 감동을 선사했다. 이 라이벌 경쟁의 특권적인 목격자로서 나는 페더러와 나달의 경기가 여전히 내 등골을 오싹하게 만든다는 사실을 깨달았다. 더 이상 볼 수 없는 그들의 경기가 그립다. 나는 두 선수의 40번의 맞대결 중 첫 번째 만남이었던 2004년 마이애미의 현장에 있었다. 그리고 2019년 윔블던에서 열린 마지막 대결에도 함께했다. 결과는 24승 16패로 라파의 우위. 라파와 노박의 라이벌 대결은 무려 59경기에 달한다! 이는 테니스 역사상 가장 놀라운 기록이자 오픈 시대 최다 기록인데, 조코비치가 30승 29패로 근소하게 앞서고 있다. 나는 2006년의 첫 번째 결투와 2022년의 마지막 결투를 모두 롤랑가로스에서 볼 수 있었고, 두 선수가 펼친 명승부의 대다수를 카메라에 담을 수 있었기에 엄청난 행운을 누렸다고 생각한다.

NADAL

이전 두 페이지
2022년 윔블던

맞은편
2007년 BNP 파리바 마스터스
댄서들이 다비드 날반디안과의 결승전에 출전하는
라파엘 나달을 환영하고 있다.

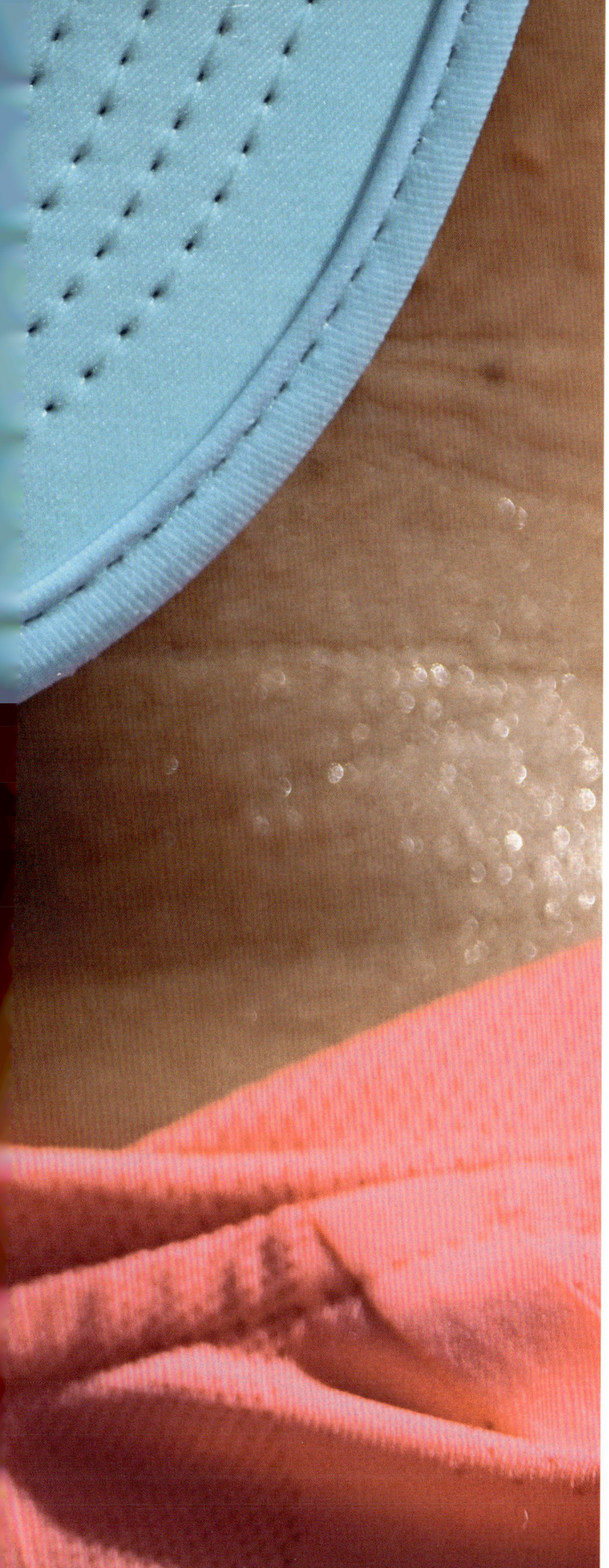

NADAL

맞은편
2022년 마드리드 오픈

NADAL

위
2007년 윔블던

왼쪽
2019년 윔블던

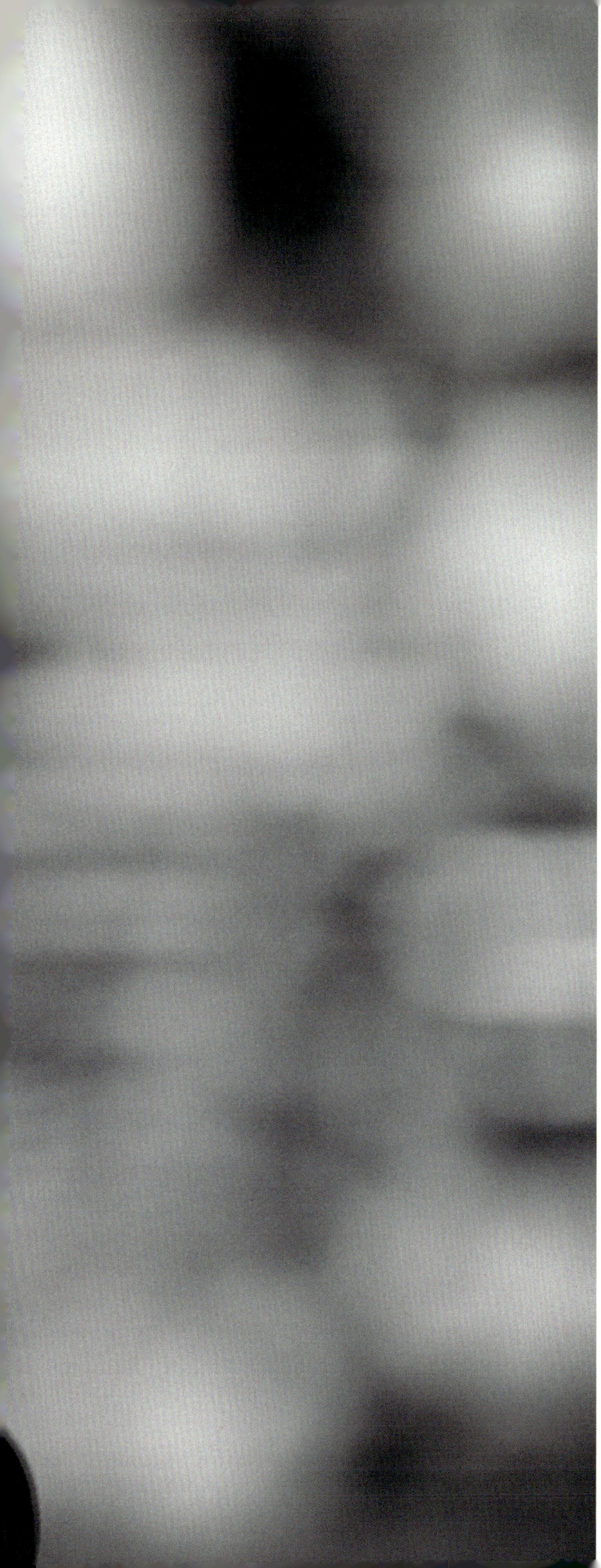

NADAL

―――
이전 두 페이지
2018년 프랑스 오픈

―――
맞은편
2004년 마이애미 오픈

―――
다음 두 페이지
196쪽: 2021년 라파 나달 아카데미 쿠웨이트
쿠웨이트의 아카데미에서 훈련하는 라파엘 나달.
197쪽: 2017년 US 오픈

NADAL

맞은편
2022년 프랑스 오픈
역사에 길이 남을 사진. 라파는 준결승에서 알렉산더 즈베레프를 상대했다. 나달이 1세트를 7-6으로 가져오고 2세트 6-6으로 타이 브레이크에 들어갈 상황이었는데, 즈베레프가 발목을 접질리면서 3시간 3분의 혈투를 마감했다. 그는 목발을 짚고서 경기장을 빠져나갔다.

다음 두 페이지
2022년 마드리드 오픈
카를로스 알카라스와 그의 우상인 라파엘 나달의 세 번째 만남. 젊은 스페인 선수가 노장을 꺾은 것은 이번이 처음이었다. 마놀로 산타나 코트로 들어가기 전 통로 안에서의 이 순간은 아마도 테니스 역사의 전환점이 될 것이다. 우리는 바통이 넘어가는 것을 부지불식간에 목격하고 있었다.

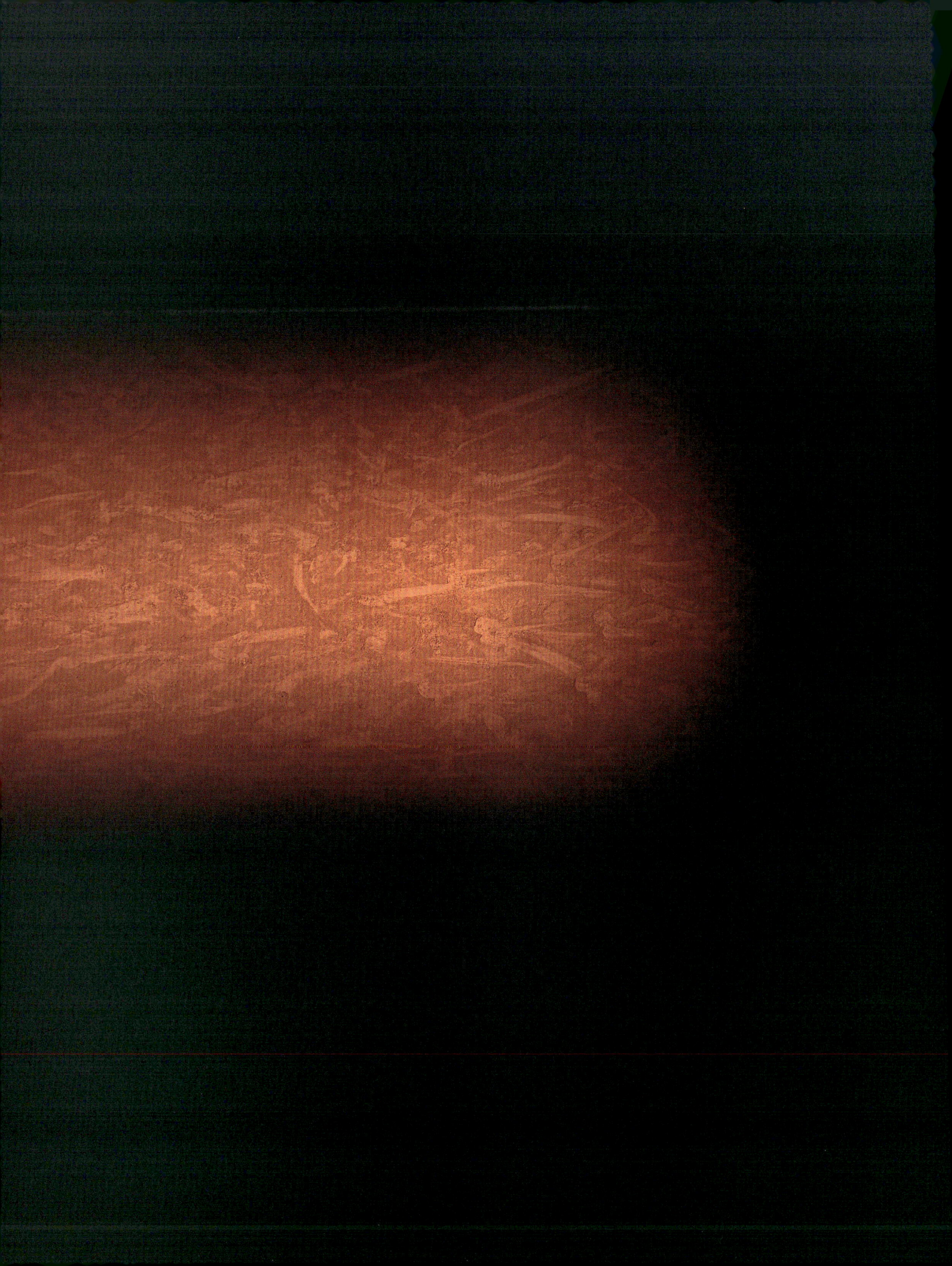

위
2019년 윔블던

이전 두 페이지
2018년 프랑스 오픈

다음 페이지
2023년 호주 오픈
2023년 라파의 마지막 모습을 담은 사진이다.
2회전에서 매켄지 맥도널드에게 패해 탈락한 후 코트에서
마지막으로 인사하는 라파. 그는 고관절 부상을 입어 이후
경기에 나서지 못했다.

NADAL

라파엘 나달을 오랫동안 지켜보면서 한 가지 아쉬운 점이 있다면
그가 로저와 손을 맞잡고 있는 모습을 사진에 담지 못했다는 것이다. 2022년
9월 런던에서 개최된 레이버컵에서 페더러가 작별을 고하는 순간 두 사람은
함께 눈물을 흘렸다. 이 역사적인 순간은 불과 열흘 전에 발표되었는데,
나는 이미 메츠에서 열리는 모젤 오픈의 공식 사진작가로 고용된 상태였다.
이 계약을 파기할 생각은 결코 없었지만, 테니스 역사에 한 획을 그은 두
챔피언의 강렬한 순간을 포착해 영원히 간직할 수 있었으면 얼마나 좋았을까.

NADAL

위

2017년 US 오픈
나달의 가족은 그가 오랜 기간 성공적으로 선수 생활을
할 수 있었던 이유다. 많은 남성들이 나달의 주위에서 그의
플레이에 관해 조언을 아끼지 않았다. 하지만 이들 세 여성은
나달의 초창기 시절부터 그의 곁을 지켰다. 어머니 아나
마리아 파레라, '시스카'로 알려진 아내 마리아 프란시스카
페렐로, 여동생 마리아 이사벨. 이들은 전 세계 어디에서나
그를 격려하고 지원한다. 라파의 수호천사인 셈이다.

NADAL

이전 두 페이지
2018년 프랑스 오픈
프랑스 오픈 우승자에게는 특별한 순간이자 볼퍼슨들에게는
꿈같은 순간이다. 남자 단식 우승자는 센터 코트를 떠날
때 라커룸으로 향하는 계단을 내려가는 것이 전통이다.
볼퍼슨들에게는 챔피언을 축하하는 기쁨의 순간이다.

맞은편
2017년 프랑스 오픈

위
2008년 프랑스 오픈

왼쪽
2018년 프랑스 오픈

맞은편
2022년 프랑스 오픈
챔피언의 일상을 엿볼 수 있는 장면. 라파는 언제나 경호원의 호위를 받으며 롤랑가로스의 인파를 뚫고 훈련장으로 향한다.

NADAL

이전 두 페이지
2022년 롤렉스 파리 마스터스
선수들이 음악 소리에 맞춰 센터 코트로 입장하는
유명한 통로.

맞은편
2015년 롤렉스 파리 마스터스

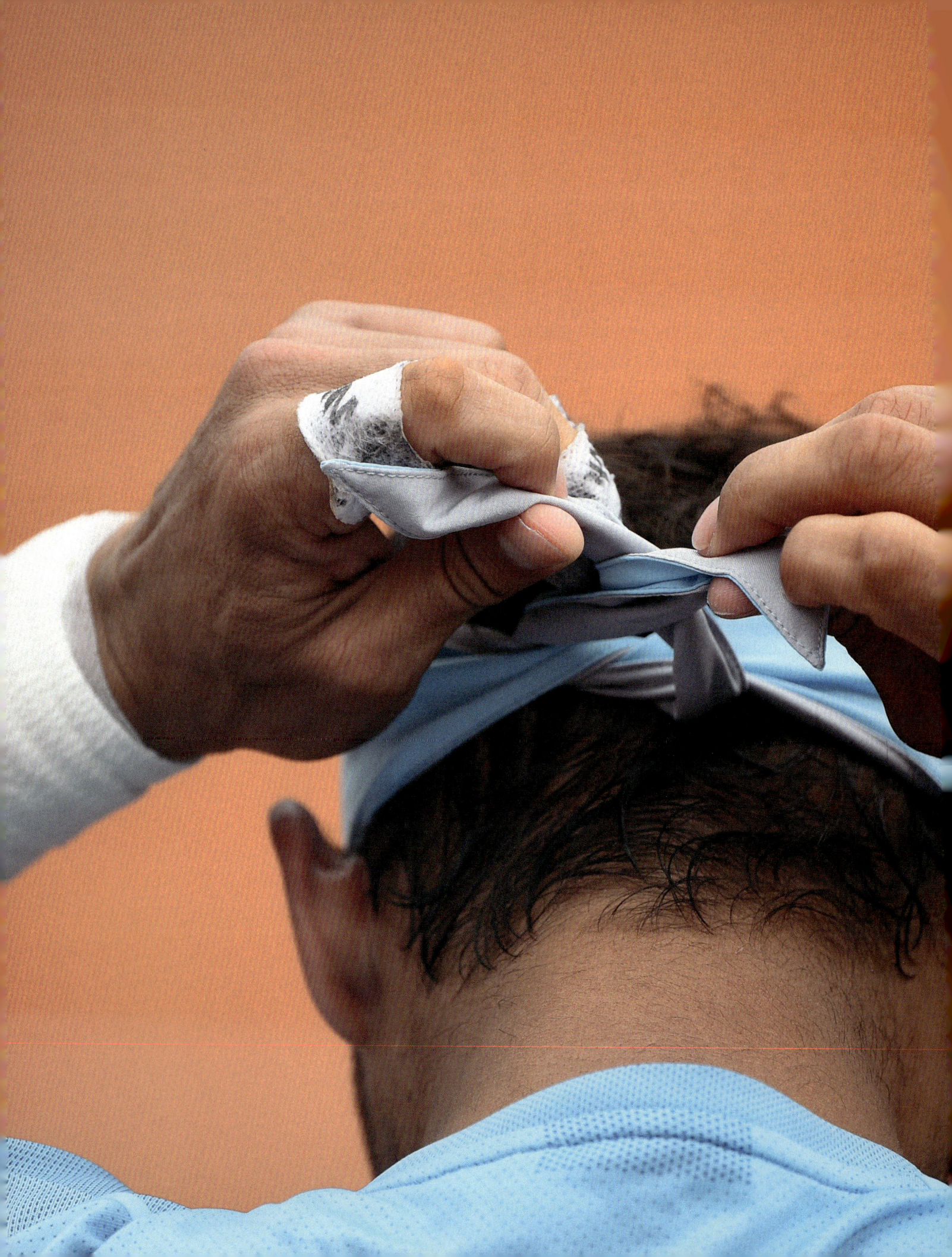

NADAL

맞은편
2018년 프랑스 오픈

맞은편
2019년 BNP 파리바 마스터스

NADAL

226 – 227

___
이전 두 페이지
2018년 US 오픈

___
맞은편
2017년 US 오픈
경기 후 루틴. 라파는 땀에 흠뻑 젖은 두건을 벗고는 상대 선수와 악수를 나눈다.

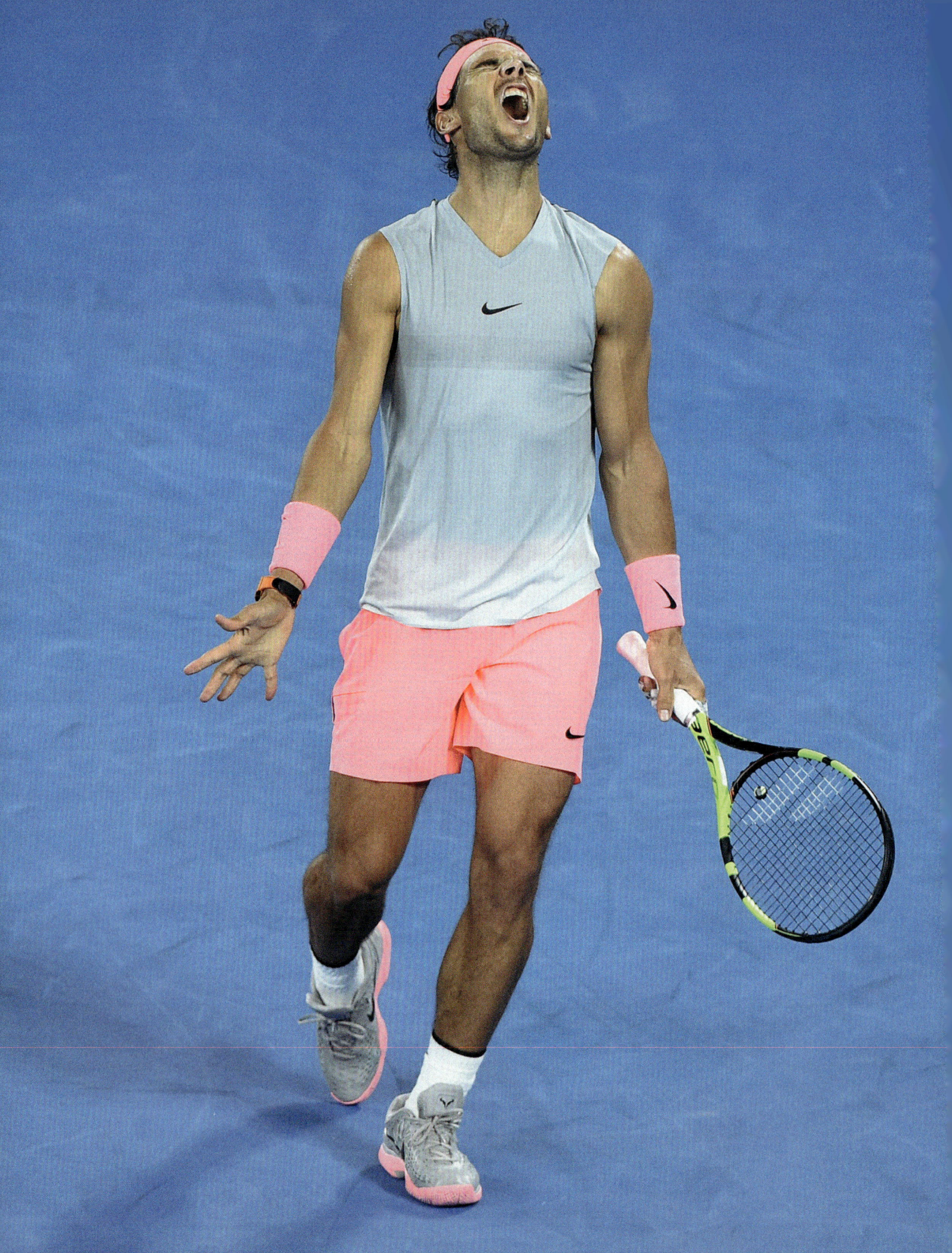

이전 두 페이지
228쪽: 2018년 호주 오픈
229쪽: 2021년 로마 마스터스

맞은편
2022년 프랑스 오픈
필립 샤트리에 코트로 들어가기 전 계단을 올라가고 있는
라파의 모습

다음 두 페이지
2019년 프랑스 오픈
나는 코트를 배경 삼아 색다른 이미지를 연출하는 것을
선호한다. 여기 수잔 렝글렌 코트에서는 그릴이
전경 역할을 한다.

NADAL

맞은편
2006년 마이애미 오픈

NADAL

―
위
2015년 호주 오픈
훈련 중인 나달

―
오른쪽
2019년 프랑스 오픈
훈련 도중 만끽하는 달콤한 휴식

맞은편
2007년 프랑스 오픈
센터 코트의 심판석 뒤 맨 윗줄에 자리 잡은 덕분에
승리의 순간을 '완벽하게' 포착했다.

다음 두 페이지
2008년 윔블던

NADAL

맞은편
2017년 US 오픈

NADAL

맞은편
2022년 프랑스 오픈

NADAL

맞은편
2021년 프랑스 오픈
챔피언 동상 제막식. 라파엘 나달의 프랑스 오픈 14회
우승은 타의 추종을 불허하는 기록이다.

다음 두 페이지
2021년 프랑스 오픈
센터 코트의 사진 기자용 벙커에서 올려다보며 촬영한 사진.
라파는 훈련 중에도 놀라운 집중력을 발휘한다.

맞은편
2022년 호주 오픈
결승전에서 메드베데프를 물리친 후 아버지 세바스티안과
격한 감정을 나누고 있다.

나의 라파엘 나달 폴더에는 수천 장의 사진이 있다. 그중 단 한 장만 고르라면 2012년 롤랑가로스에서 우승한 후 찍은 사진을 꼽을 것이며, 이것으로 이 책의 마지막을 장식하고자 한다. 머스키티어컵을 든 그의 손을 클로즈업한 이 사진에서, 붕대로 휘감은 그의 손가락은 승리를 위해 고통을 감내하며 싸웠던 전투의 고단함을 대변한다. 이는 흔들리지 않는 챔피언의 모습을 완벽하게 보여주는 상징적인 이미지이다.

2022년 프랑스 오픈
사진: 클레망 마후도

감사의 글

20년이 넘도록 변함없는 신뢰와 성원을 보여준 프랑스 오픈과
프랑스 테니스 연맹.
흥미진진한 협업을 지속해 온 ATP.
멋진 모험을 함께한 ITF.
이 책에 실린 모든 이미지의 증인이자 나의 충실한 동반자 니콘.
크리스 에버트. 그녀가 없었다면 나는 지금의 모습이 될 수 없었을 것이다.
〈테니스 매거진〉에 입사했을 때 사진작가의 기본을 가르쳐 준
나의 멘토, 세르주 필립포.
갤러리 오너이자 탁월한 스토리텔러, 그리고 뛰어난 세일즈맨인
나의 친구 장 드니 월터.
따뜻하게 맞아주고 친절을 베풀어준 라파 나달 아카데미 쿠웨이트의
마리벨과 모든 팀원들.
항상 나의 말을 경청하고 흔쾌히 도와준 베니토.
1초의 망설임도 없이 이 프로젝트를 승인해 준 르노 뒤부아와
AMPHORA의 모든 팀원들!
20년이 넘도록 한결같이 나를 지지하고 격려해 준 미르틸레.
11살에 테니스 사진작가가 되고 싶다고 말했을 때부터 지금까지
나를 믿어주신 부모님.
그리고 라파. 그가 없었다면 이 책은 존재하지 않았을 것이다.

코린 듀브뢰일

코린 듀브뢰일
CORINNE DUBREUIL

사진작가

11살 때부터 아마추어 테니스 선수로 활동하면서 사진에 대한 열정을
지녔던 코린 뒤브뢰일은 테니스 사진작가가 되겠다는 꿈을 일찌감치 실현했다.
〈테니스 매거진〉에서 13년 동안 일하며 기본기를 다진 코린은 2003년에
자신의 사업을 시작했다.
그녀는 프랑스 테니스 연맹과 국제 테니스 연맹, 〈레퀴프〉와 〈레퀴프 매거진〉,
그리고 다수의 해외 언론과 함께 일했다.
또한 수많은 전시회에 참가했으며 2015년에는 브라이언 형제의 사진으로
국제 스포츠 포트폴리오 페스티벌 그랑프리를 비롯한 여러 대회에서 수상했다.
그녀는 전 세계를 여행하며 최고의 대회를 카메라에 담고 있으며
그랜드슬램에만 벌써 80번 이상 함께했다.
특히 18살 때부터 라파엘 나달에 매료되어 그의 사진을 찍어 왔으며,
실제로 나달의 그랜드슬램 출전 경기는 단 한 번도 놓친 적이 없다.

이전 두 페이지
2012년 프랑스 오픈

앞표지
2017년 US 오픈

뒤표지
2015년 롤렉스 파리 마스터스

RAFAEL NADAL ICONIC

Copyright © Éditions Amphora, 2023
All rights reserved.
Korean translation copyright © 2024 by SoWooJoo
Korean rights arranged by Cristina Prepelita Chiarasini,
www.agencelitteraire-cgr.com, through Duran Kim Agency

이 책의 한국어판 저작권은 듀란킴 에이전시를 통해
Cristina Prepelita Chiarasini와 독점계약한 소우주에 있습니다.
저작권법에 의해 한국 내에서 보호를 받는 저작물이므로
무단 전재 및 복제를 금합니다.

열정의 아이콘, 라파엘 나달

초판 1쇄 발행 2024년 12월 20일
글·사진 듀브뢰일
옮긴이 김기범
펴낸이 김성현
펴낸곳 소우주출판사
등록 2016년 12월 27일 제563-2016-000092호
주소 경기도 용인시 기흥구 보정로 30
전화 010-2508-1532
이메일 sowoojoopub@naver.com

ISBN 979-11-89895-14-3 (04690)
값 35,000원